걱정 마, 괜찮아!

가끔 불안과 스트레스에 힘들어하는 어린이를 위한 감정 워크북

명랑한 책방

Mindful Kids: No Worries!
ⓒ 2017 Studio Press
Consultant Dr. Sharie Coombes, Child, Family & Adult Psychotherapist,
Ed.D, MA (PsychPsych), DHypPsych(UK), Senior QHP, B.Ed.
Written by Lily Murray
Illustrated by Katie Abey
All rights reserved.

First published in the UK in 2017 by Studio Press, an imprint of Bonnier Books UK,
The Plaza, 535 King's Road, London SW10 0SZ Owned by Bonnier Books.
This Korean edition was published by Jolly Books in 2020 by arrangement with Studio Press, an imprint of Bonnier Books UK.

* 이 책의 한국어판 저작권은 저작권자와 독점 계약한 명랑한 책방에 있습니다.
* 이 책은 저작권법에 따라 한국에서 보호를 받는 저작물이므로 무단 전재와 무단 복제를 금지하며,
  이 책 내용의 전부 또는 일부를 이용하려면 반드시 저작권자와 명랑한 책방의 서면 동의를 받아야 합니다.

걱정 마, 괜찮아! (마음이 단단한 어린이 2)
: 가끔 불안과 스트레스에 힘들어하는 어린이를 위한 감정 워크북

초판 1쇄 발행 2020년 9월 3일
초판 6쇄 발행 2025년 10월 24일

기획·자문 샤리 쿰스 | **글** 릴리 머레이 | **그림** 케이티 어베이 | **옮김** 공은주
부모 가이드북 글 이다랑

펴낸이 공은주 | **펴낸곳** 명랑한 책방 | **출판등록** 2017년 4월 21일 제 2017-000011호
전화 010-5904-0494 | **이메일** thejollybooks@gmail.com
인스타그램 jolly.books.official | **웹사이트** smartstore.naver.com/jollybooks

ISBN 979-11-965164-8-2 (74180)
ISBN 979-11-965164-6-8 (세트)

* 값은 뒤표지에 있습니다.
* 잘못된 책은 구입한 곳에서 바꾸어 드립니다.

걱정 마, 괜찮아!

가끔 불안과 스트레스에 힘들어하는 어린이를 위한 감정 워크북

명랑한 책방

이 책을 보는 어린이들에게

기획·자문
샤리 쿰스 박사
아동&가족 심리 치료사

　누구나 하나쯤 걱정을 안고 살아갑니다. 어쩌면 머릿속이 수많은 걱정으로 가득 차 있을지도 몰라요. 걱정은 늘 눈치채지도 못할 만큼 아주 작은 것에서 시작돼요. 하지만 한번 걱정이 시작되면 꼬리에 꼬리를 물고 점점 자란답니다. 그래서 나중에는 무엇 때문에 마음이 불안하고 두려운지도 모르게 되기도 해요. 이 책을 통해 걱정을 제대로 바라보고, 표현하고, 이야기할 기회를 가져 보세요. 더불어 기분이 나아지는 나만의 방법도 찾아낼 수 있기를 바랍니다.

　아무런 방해도 받지 않는 조용하고 편안한 공간에서 이 책을 자유롭게 활용하세요. 책의 어느 페이지부터 시작해도 상관없고, 하고 싶은 페이지를 골라 해도 좋아요. 매일 한 페이지씩 해도 되고, 한 번에 많이 해도 돼요. 한 페이지를 여러 번 해도 좋아요. 규칙은 하나도 없답니다.
　여러분을 괴롭히는 걱정을 머릿속에서 끄집어내어 글과 그림으로 표현해 보고, 여러분이 불안할 때는 어떻게 보일지 그려 보세요. 걱정을 객관적으로 바라보면 커다랗던 걱정이 아주 작아 보이기도 하고, 해결할 방법이 떠오르기도 할 거예요. 하지만 걱정 하나가 사라졌다고 해서 걱정이 영원히 사라지는 건 아니에요. 언제든 모습을 바꾸어 다시 찾아오지요. 하지만 이 책에 담긴 활동들을 차근차근 하다 보면 스스로 걱정을 해결해 나갈 힘을 키울 수 있을 거예요.

　살다 보면 걱정이 너무 크게 느껴져서 내가 할 수 있는 게 아무것도 없는 것처럼 느껴질 때가 찾아와요. 걱정이 원하는 게 바로 이거랍니다. 하지만 모든 문제에는 해결책이 분명 있어요. 해결할 수 없고 말할 수 없을 정도로 큰 문제는 없어요. 아무리 문제가 커 보여도 사실은 그렇지 않아요. 여러분이 걱정보다 훨씬 강하다는 사실을 꼭 기억하세요.
　혹시 걱정이 너무 커서 무엇을 해도 재미가 없고 마음이 무거운가요? 가족이나 친구, 선생님 등 믿을 수 있는 사람과 이 책에 나온 활동을 함께 해 보세요. 지금 기분이 어떤지, 무엇 때문에 마음이 불안한지 이야기해 보세요. 혼자 끙끙대기보다 다른 사람과 걱정을 나누면 해결할 방법을 더 쉽게 찾을 수 있답니다.

모든 사람은 살아가면서 도움이 필요할 때가 있어요. 어른도 마찬가지랍니다. 만약 여러분이 친구나 주변의 어른들에게 이야기하고 싶지 않다면 아래 기관의 도움을 받아 보세요. 지금까지 수많은 어린이들이 도움을 받은 곳이니 여러분에게도 분명 도움을 줄 수 있을 거예요.

여러분이 이 책을 만나 나의 감정을 조금 더 잘 이해하고, 걱정을 나누는 법을 배우며, 용기 있고 긍정적인 사람으로 성장해 나가길 응원합니다!

위(Wee) 클래스

학교 안에 설치된 상담실로 다양한 고민을 상담 선생님과 함께 나눌 수 있는 소통 공간이에요. 초등학생이라면 누구나 무료로 평일(월~금) 9시~18시에 이용할 수 있어요. www.wee.go.kr에서 비공개 온라인 상담도 받을 수 있어요.

청소년 사이버 상담 센터

만 9세 이상 청소년과 부모라면 누구나 무료로 365일 24시간 이용할 수 있어요.

- 전화 상담: (휴대 전화) 지역 번호+1388
- 온라인 상담: www.cyber1388.kr에서 게시판 상담 혹은 1:1 채팅 상담 가능
- 카카오톡 상담: 카카오톡 플러스 친구에서 #1388과 친구 맺기 후 상담 가능
- 문자 상담: 수신자 번호 #1388로 고민 전송

걱정이 뭘까?

아주 간단하게 말하면, 걱정은 널 화나게 하거나 속상하게 하거나 불안하게 하는 모든 생각이야.

마음이 불안할 때 드는 감정이나 기분에 모두 동그라미 쳐 봐.

불편한   조마조마한   스트레스를 받는

가슴이 벌렁거리는

화나는   괴로운

침착한   울고 싶은

어리석은   용감한   어지러운   두려운

속상한

겁에 질린   안절부절못하는   떨리는   초조한

토할 것 같은   무서운

창피한   땀나게 하는   걱정스러운   두려움으로 가득 찬   불안한

미칠 것 같은   짜증 나는   답답한

조바심이 나는

예민한

우울한   긴장되는

걱정스러운 네 마음을 나타내는 단어들이 있다면 더 적어 봐.

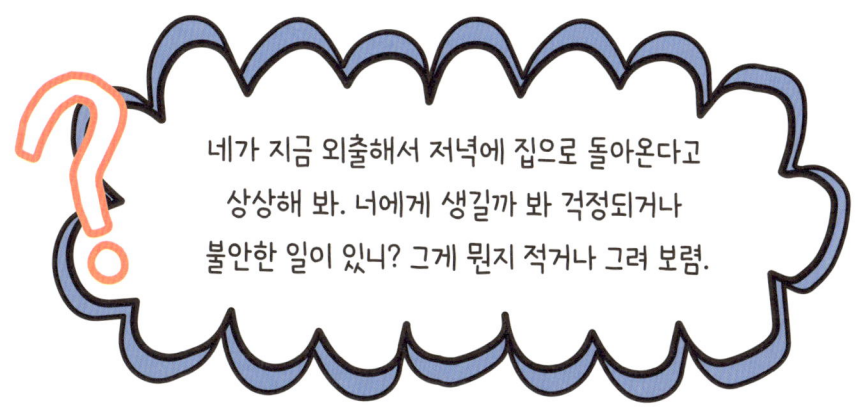

네가 지금 외출해서 저녁에 집으로 돌아온다고 상상해 봐. 너에게 생길까 봐 걱정되거나 불안한 일이 있니? 그게 뭔지 적거나 그려 보렴.

걱정지옥풀

작은 걱정의
씨앗 하나가
마음에 뿌리를 내리면
금방 큰 불안으로
자란단다.

이 식물은
걱정지옥풀이야.
네 걱정에 뿌리를 내리고
자라기 시작했지.

네가 걱정을 하면 할수록
얘는 점점 더 쑥쑥
자라날 거야.

화분에 네 걱정을 적고,
그 걱정을 자라게
하는 것들이 무엇인지
화분 주위에 적어 봐.

그동안 걱정지옥풀을 자라게 한 것들을
다시 한번 봐 봐.

그중 하나라도 **100퍼센트**
사실인 게 있니?

걱정지옥풀을 무럭무럭
자라나게 하는
네 생각이나 행동 중
바꿀 수 있는 게
무엇인지 적어 봐.
한 가지 힌트를 줄게.
걱정지옥풀은 긍정적인
생각을 좋아하지 않아!

다음에 어떤
걱정이 생기면, 걱정을
자라나게 하는 것 대신
여기 적은 긍정적인 생각을
하도록 노력해 봐.

겉으로 드러나는 불안

아래 걱정 단어들을 찾아봐.
마음이 불안하고 조마조마할 때
너도 이런 느낌이 드니?

어지러움 추운 심장이쿵쿵 메스꺼운
눈물이핑 식은땀 머리가지끈
목이메임 창백한얼굴 힘이없는

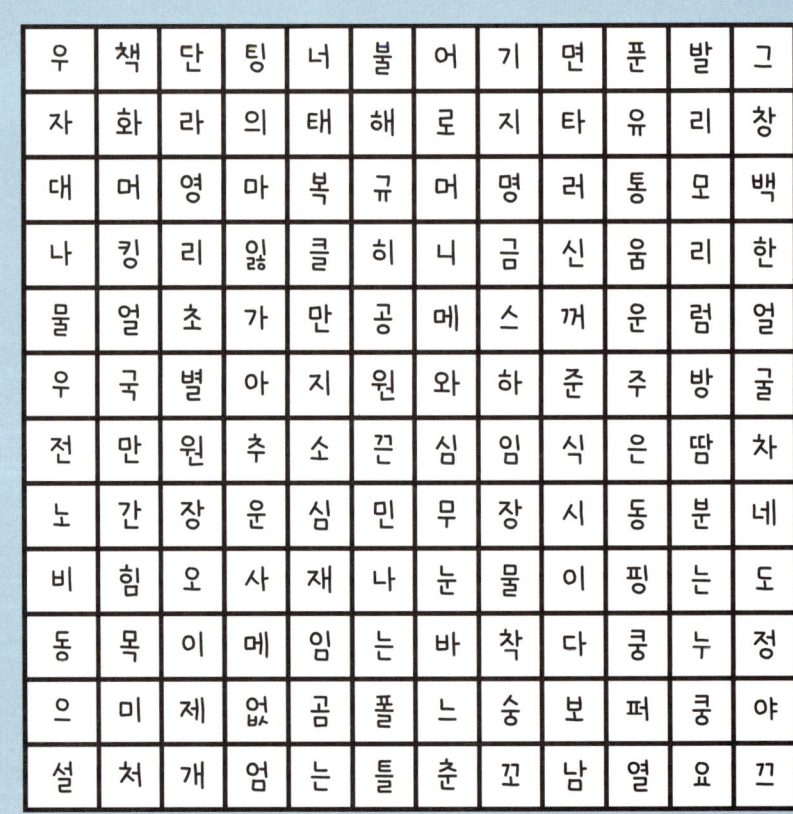

불안은 머릿속에 있는 감정이지만, 때로는 몸에서 더 빨리 느끼기도 해.

마음이 불안하면 몸의 어느 부분이 어떻게 변하는지 설명을 적거나 그림을 그려 봐.

불안해지기 시작하는 걸 알아차릴 수 있다면 무슨 도움이 될까?

진짜 마음

걱정되고 불안한 마음은 다른 감정을 불러오기도 해. 화나거나 슬프게 할 수도 있고, 소리치게 할 수도 있어. 혹은 혼자 조용한 곳에 머물고 싶을 수도 있지.

이 사람들은 모두 걱정되는 마음 때문에 다른 감정을 드러내고 있어. 이들의 진짜 마음은 무엇일까? 한번 적어 봐.

주변 사람들이 어떤 기분일지 생각해 보는 것도 도움이 돼.
사람들은 네게 말하지 않을 뿐, 각자 걱정을 가지고 있거든. 어른들도 마찬가지란다.

걱정쟁이 원숭이들

걱정쟁이 원숭이들이 뭔가에 잔뜩 겁을 먹고 숨어 있어!
숨어 있는 원숭이들을 모두 찾아서
이제 괜찮다고 얘기해 주고 색칠해 줘.
그러면 모두 나와서 신나게 놀 수 있을 거야.

걱정 먹는 유리병

뚜껑이 있는 유리병과 종이를 준비해. 널 괴롭히는 걱정들을 모두 종이에 적어서 유리병에 넣으렴. 걱정들이 다시는 빠져나올 수 없도록 뚜껑을 꼭 닫아 줘.

아직 네 걱정을 다른 사람에게 말하고 싶지 않다면, 혼자 이 활동을 해도 좋아.

물론 걱정이 있는 친구나 가족과 함께 해도 좋단다.

널 깔깔 웃게 하는 게 뭐야?
여기에 적거나 그려 봐.

끄적끄적 표정 그리기

이 감정들과 어울리는 표정을 그려 넣어 봐.

행복해　　　무서워

웃겨　　　눈물이 나

화났어　　생각에 잠겨 있어

외로워　　　슬퍼

상상 여행

눈을 감고, 아주 아름다운 자연 속에 있는 널 상상해 봐. 그곳은 어디니? 초원? 숲? 해변?

그곳에서 함께 있고 싶은 사람은 누구야? 아니면 혼자 있고 싶니?
그곳에서는 어떤 소리가 들릴 것 같아?
네가 상상하는 그곳의 모습을 그려 봐.

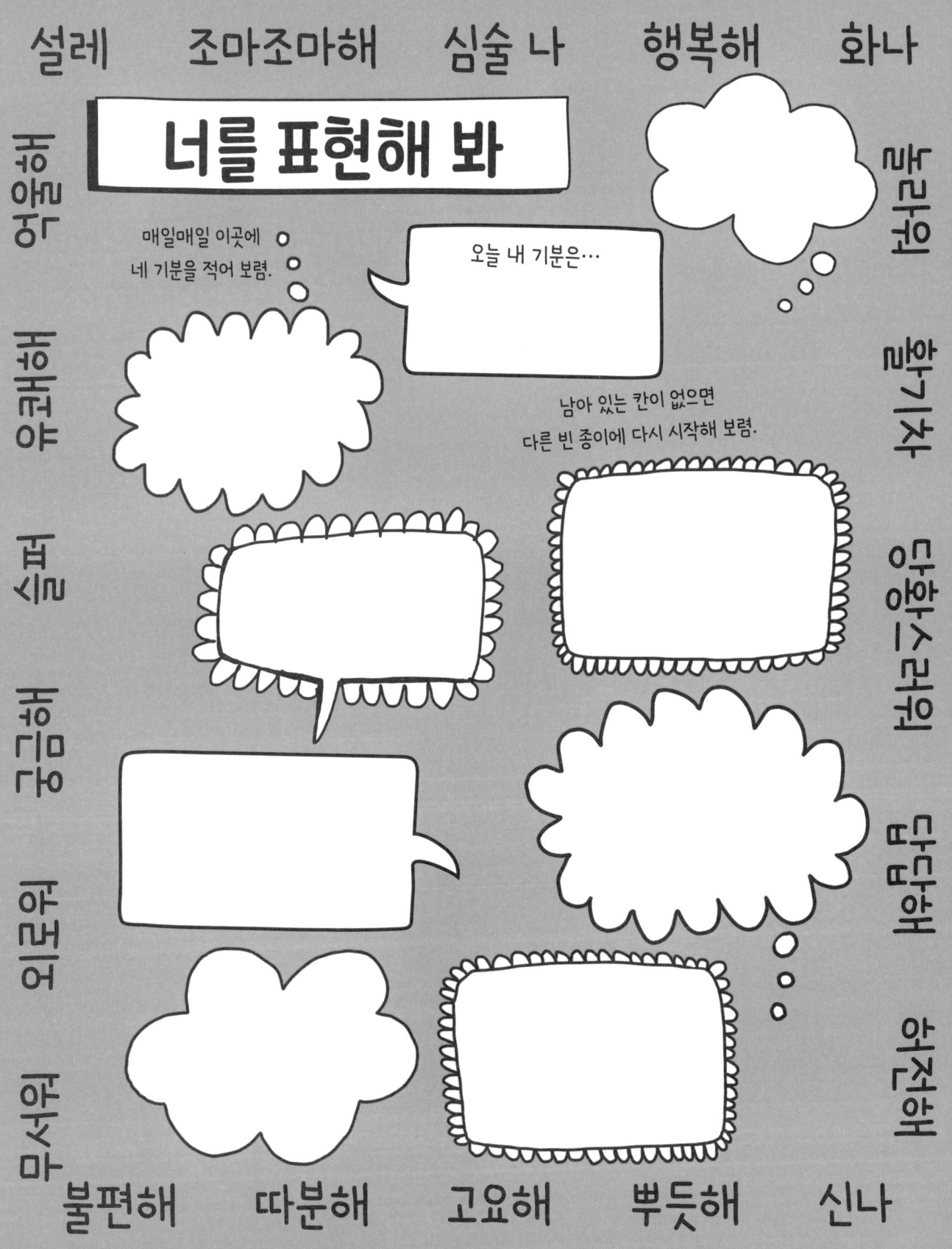

걱정 가득한 내 얼굴

걱정이 생겼을 때의
네 얼굴을 상상해서
그려 봐.

걱정 목록

어떤 걱정은 시험이나 여행처럼 미래에 분명 일어날 일 때문에 생겨. 하지만 어떤 걱정은 실제로 일어날 가능성이 거의 없단다.

지금 네 머릿속에 든 걱정들을 아래처럼 두 가지로 분류해 봐.

미래에 일어날 수 있는 일

걱정되는 일에 대비할 수 있도록 미리 계획을 세울 수 있어.

거의 일어나지 않을 일

정말로 나쁜 일은 잘 생기지 않는다는 사실을 계속해서 되뇌렴.

걱정 괴물

네 걱정들이 작은 괴물이라고 상상해 봐.

네 걱정 괴물은 어떻게 생겼어?

털이 수북하고 발톱이 날카롭니? 아니면 끈적끈적한 덩어리처럼 생겨서 자꾸 너에게 달라붙어?

눈이 여러 개이고 코는 엄청 길어?

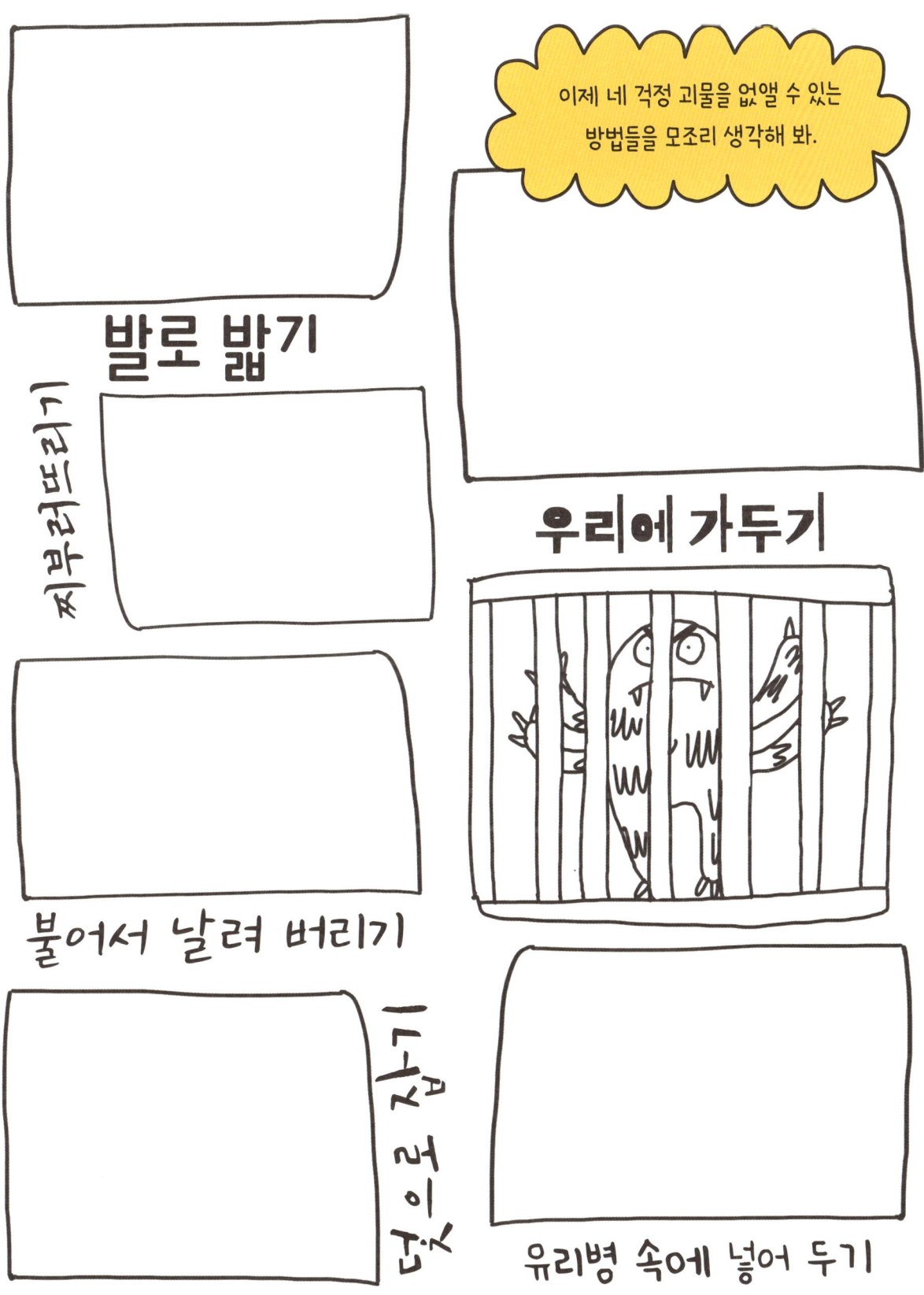

긍정적인 생각의 힘

걱정거리에게 할 수 있는 최고의 복수가 뭐게?
바로 탁 터놓고 이야기한 후에
아무 신경도 쓰지 않는 거야.

걱정하는 대신 할 수 있는 걸
모두 생각해서 그려 봐.

무엇이 들리니?

집에 있을 때에도 네 주변에서는 많은 일들이 일어나고 있어.
눈을 감고 1분 동안 주변의 소리에 귀 기울여 봐.

무엇이 들리니?
음악 소리?
사람들의 말소리?
사람들은 무슨 이야기를
나누고 있니?

네가 들은 걸 적거나 그려 봐.

최고로 멋진 기억

가장 행복했던 기억 중 하나를 떠올려 봐. 가족과 함께한 순간, 친구와 함께 보낸 하루, 여행, 네가 응원하는 팀이 이긴 날, 아니면 어떤 책을 읽었거나 운동을 하면서 행복했던 순간도 좋아.

네가 떠올린 순간을 아래 그리거나 적어 봐.

네가 좋아하는 사람에게 이 그림을 보여 주고, 어떤 그림인지 이야기해 줘.

다음에 걱정되는 일이 생기면, 걱정하는 대신 이 순간을 계속 마음속으로 그려 보렴.

네가 사랑하는 누군가에게 편지를 써 봐. 그 사람이 왜 멋있는지 꼭 말해 줘야 해.

편지 쓸 때 아래 표현들이 도움이 될 거야.

사려 깊은　　**이야기를 잘하는**

배려심이 많은　　**흥미로운**

도와주는

친절한　　꼭 껴안아 주는

웃게 해 주는　　너그러운

잘 웃는　　**재미있는**

잘 들어 주는　　사랑해 주는

용기 있는　　격려해 주는

넌 참 멋져!

네가 가장 좋아하는 사람들이나
동물들 중 2, 3명만 골라서
여기 적어 봐.

그들을 좋아하는 이유는 무엇인지, 그들의 멋진 점은 무엇인지 적어 봐.

다음에
그들을 보면,
꼭 말해 줘.

친구들에게 네 좋은 점은 뭔지,
너를 왜 좋아하는지 물어보고
여기에 적어 봐.
친구들이 말해 준 것들을 항상 기억하렴.

나는 어때?

마음껏 칠해 봐.

숨 쉬는 시간

이 호흡법을 연습해 봐. 몸과 마음이 편안해질 거야.

1

조용하고 안전한 곳에 편안히 앉아. 준비되면 눈을 감고 호흡에만 집중하는 거야. 코로 숨을 들이마시고 입으로 내쉬는 느낌이 어떤지 생각하며 자연스럽게 숨을 쉬어 봐.

2

손을 배에 올리고 숨을 쉴 때마다 배가 올라갔다 내려가는 느낌에 집중하렴. 숨을 들이마실 때마다 조용히 '들이쉼'이라고 말하고, 내쉴 때마다 조용히 '내쉼'이라고 말해 봐.
마음속으로 생각해도 좋아.

3

숨 쉬는 것에만 집중하고, 그 밖의 다른 생각은 떨쳐 버리도록 노력해 봐.

이 호흡법을 많이 연습한 다음, 호흡하면서 동시에 행복한 기억을 떠올릴 수 있는지 도전해 봐. 그러면 머릿속을 걱정 대신 행복한 기억으로 가득 채울 수 있어.

2분 동안 해 봐.

밖으로 나가면 무슨 소리가 들려?

날씨가 어떻든지 밖으로 나가 봐. 비가 오면 비를 맞지 않는 곳을 찾고, 너무 추우면 가장 두껍고 따뜻한 옷을 입으렴!

잠시 고요히 앉아 눈을 감고 주위의 소리에 귀를 기울여 봐.

그리고 들려오는 소리를 적어 봐.

그림을 완성해 줘!

잔잔한 호수를 상상해 보렴.
물에 배가 떠 있니?
해가 지고 있니?
아니면 하늘이 별로
가득 차 있니?

긴장 푸는 운동

1. 푹신한 러그나 카펫에 누워 눈을 감으렴.

2. 코로 숨을 들이마시는 것부터 시작하는 거야. 숨을 몇 초 동안 참은 다음 내쉬어 봐. 한 번 더 코로 숨을 깊게 들이마셔. 네 배가 공기로 가득 찬 풍선이라고 생각하고, 숨을 내쉬면서 배에서 공기가 빠져나가는 걸 상상해 봐.

3. 발가락 끝까지 힘을 주고 다리 전체를 쭉 뻗어. 그리고 양팔은 양쪽으로 쭉 뻗고 팔부터 손가락까지 짝 펴지도록 스트레칭을 하는 거야.

4. 이제 몸의 모든 근육을 긴장시키기 시작해 봐. 발가락부터 시작할 거야. 발가락을 꽉 오므린 뒤 다리를 지나 배 근육까지 쭉 긴장시킨다고 생각하렴. 배에 무거운 게 올려져 있고 배를 벽돌처럼 단단하게 만든다고 상상해 봐.

5. 팔을 긴장시킬 차례야. 팔은 옆으로 내리고 주먹은 꽉 쥐어. 어깨를 양 귀까지 올려 봐.

6. 마지막으로 얼굴을 있는 힘껏 찡그려 봐. 입술은 쭉 내밀고 얼굴을 찌푸려서 이마가 쭈글쭈글해지도록 말이야.

7. 이제 몸의 긴장을 풀 거야. 팔다리를 축 늘어지게 하고, 어깨를 내리며 긴장을 푸는 거야. 네가 축 처진 봉제 인형이라고 상상해 봐.

8. 코로 깊게 숨을 들이마시고 다시 숨을 내쉬어. 몸과 마음이 편안하고 차분해진 걸 느껴 봐. 이제 서서히 눈을 뜨렴.

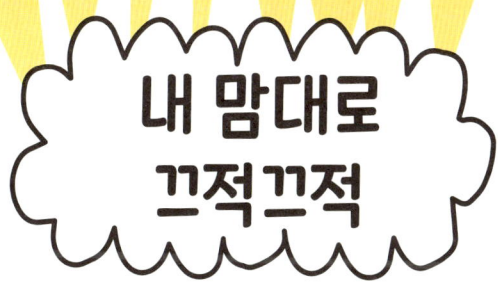

이 공간을 낙서로 가득 채워 봐.
뭘 그릴지 고민하지 말고 마음 가는 대로 해 보렴!

마음의 날씨

오늘 기분이 어때? 비 오는 날처럼 슬프니? 천둥 번개가 치는 날처럼 화가 났니?
햇빛이 밝게 비추는 날처럼 행복하니? 오늘 네 마음을 일기 예보로 표현해 봐.

긍정적인 색으로 칠해 봐!

마음 비우기

이 점에 집중해서
마음을 완전히 비워 보렴.

마음이 비워지면 몸의 감각에 주의를 기울여 봐.
뭐가 보이니? 무슨 소리가 들리니? 어떤 냄새가 나니?
어떤 느낌이 드니? 어떤 맛이 나니?

감각으로 느껴지는 것들을 적어 보렴.

본 것

들은 것

냄새 맡은 것

맛본 것

느낀 것

행복 단지

이 단지에 즐거운 생각과 재밌는 그림을 잔뜩 그려 줘.
행복으로 가득 차게 말이야.

단어나 문장, 그림,
혹은 이 세 가지를 모두
섞어서 표현해도 좋아.

나의 모든 것

네가 좋아하는
네 모습을 적어 봐!

특징, 성격, 잘하는 것 등 어떤 것이든 떠올려 보렴.

이 단어를 색칠하고, 글자 주위에
널 행복하게 해 주는 것들을 끄적끄적 그려 봐.

행복

걱정 날려 보내기

이 종이비행기에 네 걱정들을 적어.

다 적었다면 이제
종이비행기를 만들 차례야.
옆 페이지에 그려진 선을 따라 오린
다음 순서대로 접으면
종이비행기가 완성될 거야.

이제 종이비행기가 네 삶을 떠나
가고 싶은 곳으로 가도록 날려 보내 줘.

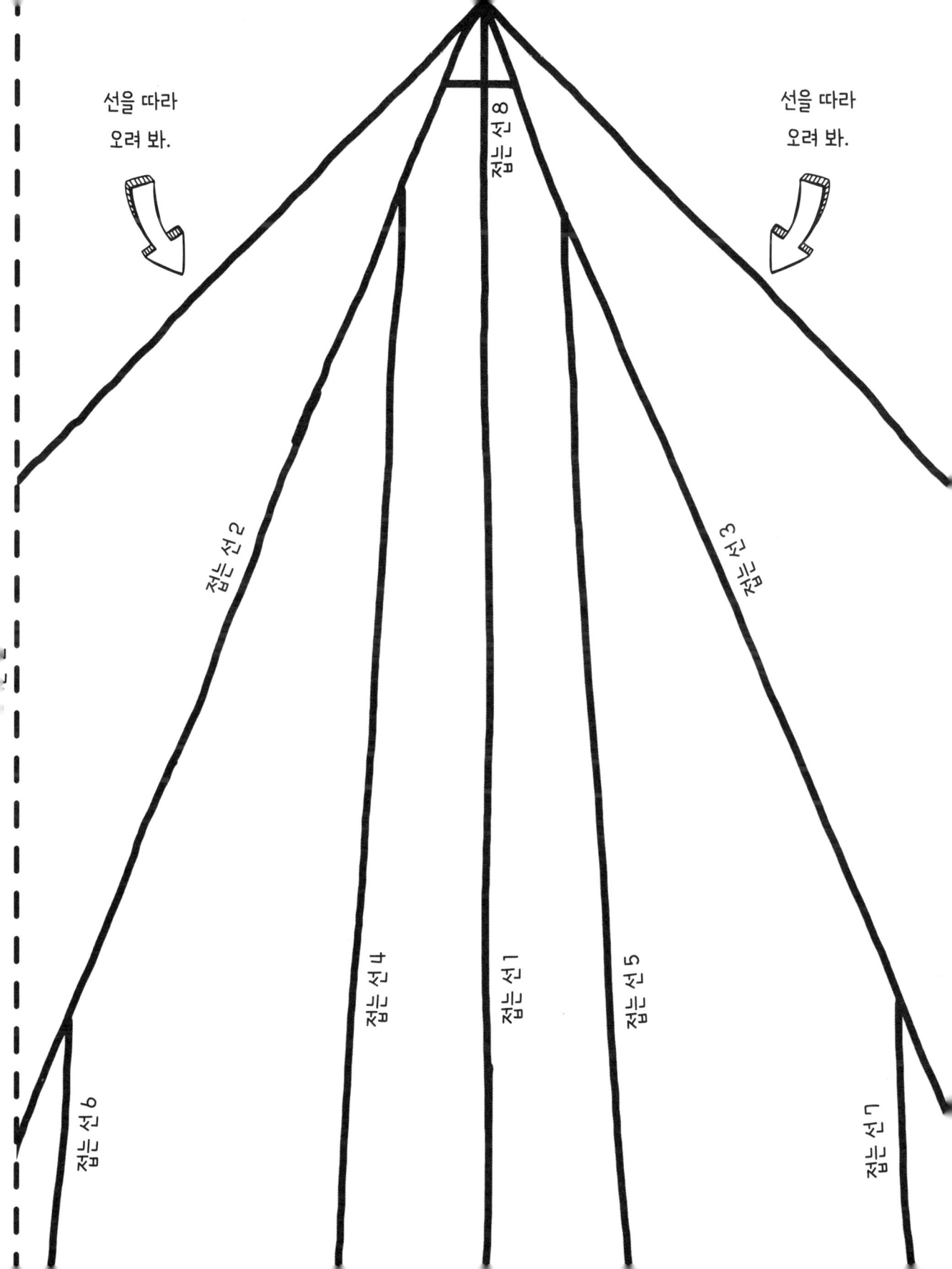

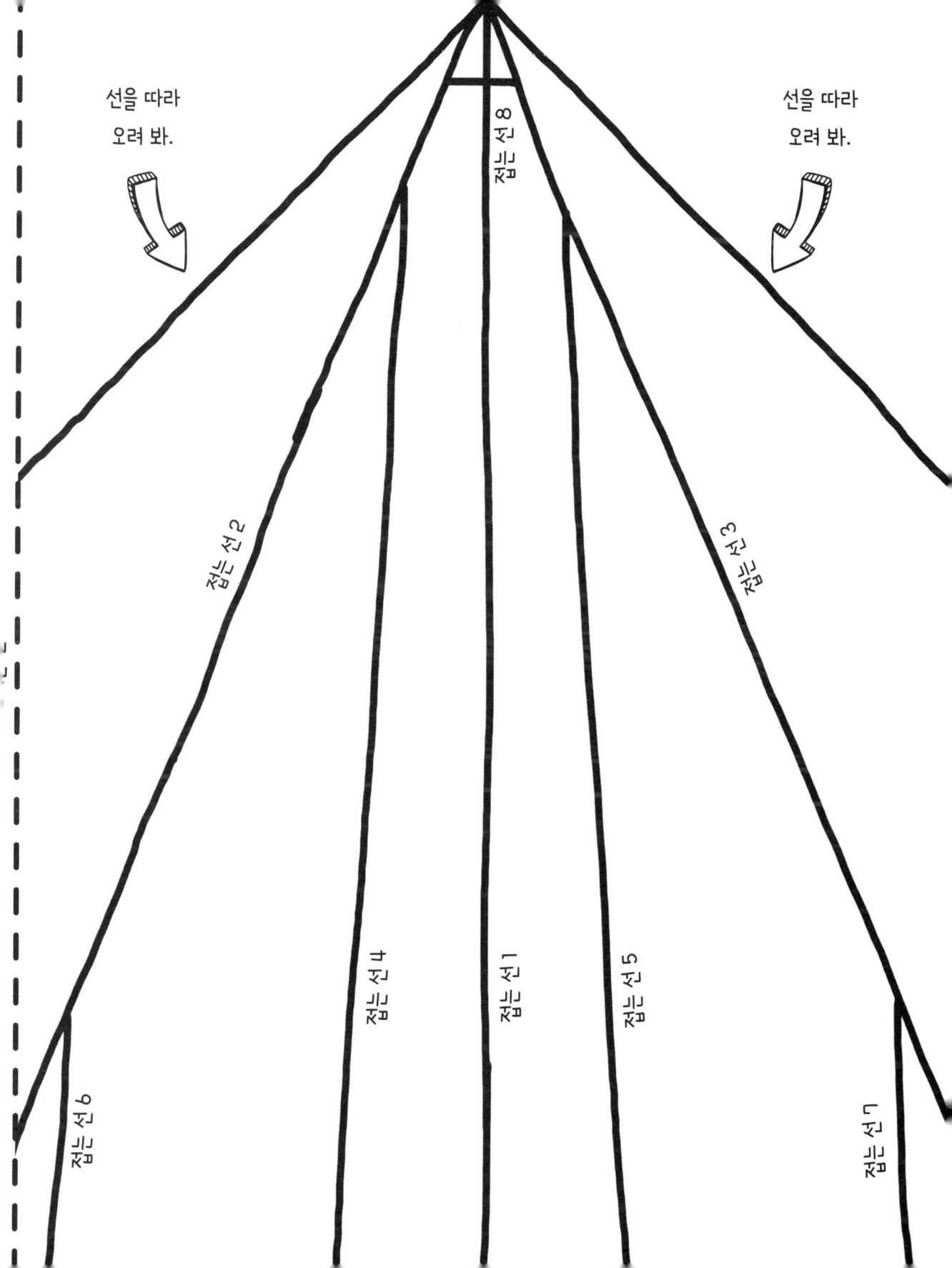

움직여 봐!

운동을 하면 기분이 좋아지는 데 도움이 돼.
매일 아래 운동 중 하나에 도전해 봐.

팔 벌려 뛰기 20개

두 발을 모으고 양손은 옆에 붙인 채 바로 서.
발을 양쪽으로 벌려 점프하면서 재빨리 머리 위로 팔을 올려.
그리고 곧바로 점프하면서 팔을 제자리로 내리고 두 발을 모아.

팔 돌리기 30개

두 팔을 양쪽으로
쭉 뻗은 채
똑바로 서.
손목과 팔꿈치는
움직이지 말고, 원을 그리듯이
천천히 팔을 돌려.

스쿼트 8개

두 발을 엉덩이 너비로 벌리고 서서
두 손을 허리에 얹어. 발바닥은
땅에 딱 붙이고 등은 곧게 편 채
무릎을 굽히며 천천히 앉아.
무릎이 발가락 끝을 넘지 않을 때까지
최대한 낮게 앉아.
그런 다음 천천히 다시 일어서.

종아리 운동 10개

엉덩이 너비로 두 발을
벌리고 두 손을 허리에
올린 다음 발꿈치를
들어 올려. 발끝으로 선 채
8까지 센 후 천천히
바닥으로 내려.

런지 10개

오른발을 한 걸음 앞으로 내밀고 무릎을 직각으로
굽히며 몸을 낮춰. 뒷발은
뒤꿈치를 세우고 무릎이 땅에
가까이 닿도록 내려. 이때 허리는
꼿꼿이 펴야 하고 오른 무릎이 발끝을
넘지 않아야 해.

이 표를 잘라 벽에 붙여 두렴.

운동한 날마다 표시해 줘.

	팔 벌려 뛰기 20개	팔 돌리기 30개	스쾃 8개	종아리 운동 10개	런지 10개
월요일					
화요일					
수요일					
목요일					
금요일					
토요일					
일요일					

색칠해 줘!

난 용감해

걱정 없는 내 모습

걱정이 하나도 없는 자신의 모습을 그려 봐. 기분이 어때? 더 좋은 점은 뭐야? 네게 걱정이 사라진 걸 가장 먼저 알아채는 사람은 누구일 것 같아?

색칠해 봐!

내 맘대로 그려 보는 무인도

무인도에 가져가고 싶은 걸 모조리 그려 봐.

네게 가장 중요한 건 어떤 것들이야?

무인도에 딱 3명만 데려갈 수 있다면
누구와 함께 가고 싶어?

어른이 되면 하고 싶은 걸 여기 모두 적어 봐.

꾹꾹 눌러 그리기

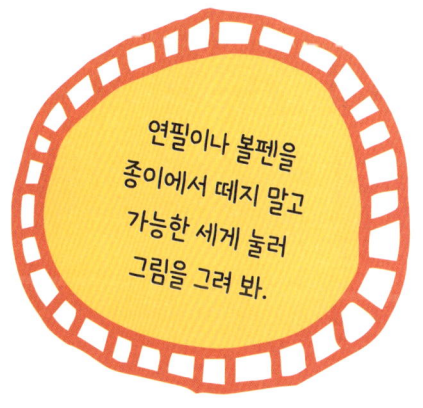

연필이나 볼펜을 종이에서 떼지 말고 가능한 세게 눌러 그림을 그려 봐.

페이지를 넘겨 봐. 네가 그린 그림이 올록볼록하게 새겨져 있을 거야.

네 그림이 아주 멋지게 새겨져 있지?
이 작품에 이름을 지어 줄래?

_____ 라고 이름을 지어 주었어.

이 페이지를
주욱 떼어 낸 후
가능한 한
많은 조각으로
갈기갈기 찢은 다음
쓰레기통에 버려!

널 돌봐 주는 분에게 감사 편지를 써 봐.
그분이 널 위해 해 준 것들에 대해 꼭 감사하다고 하렴.

안아 줘!

따뜻한 포옹은 우리 마음을 풍요롭게 해 줘.
지금 이 순간 꼭 껴안아 주고 싶은 사람이 누구야?

눈을 감고 그 사람을 안아 주는 모습을
상상해 봐.

안고 있으면 배가 따뜻해질 거야.
따스함을 느껴 봐.

따뜻하게 안아 주는 게
얼마나 좋은지 느껴지니?

꿀잠 요가

잠자기 전이나 마음을 진정시키고 싶을 때 이 요가 동작을 해 봐.

나무 자세

똑바로 서서 한쪽 발을 다른 쪽 발목이나 무릎 위에 놓고 균형을 잡아. 발을 바꿔서 해 봐.

"나는 균형을 잘 잡아요."라고 말해.

나비 자세

허리를 곧게 펴고 앉아 두 발바닥을 마주 붙여. 양손으로 발을 누르며 몸쪽으로 바짝 끌어당겨. 이마가 바닥에 닿을 만큼 몸을 천천히 앞으로 숙여.

"나는 안전해요."라고 말해.

무당벌레 자세

무릎을 굽혀 앉은 자세를 해. 어깨를 뒤로 쭉 펴고 손바닥을 모아 서로 밀어.

"나는 행복해요."라고 말해.

아기 자세

무릎 꿇은 자세에서 몸을 앞으로 굽혀 이마가 바닥에 닿도록 해.
팔은 자연스럽게 옆으로 내려놓거나 앞으로 쭉 뻗어.
이 상태로 편히 쉬어.

"나는 쉬고 있어요."라고 말해.

고양이 자세

두 손과 무릎을 바닥에 대. 숨을 들이마시면서 천천히 머리를 들고 등을 내려. 숨을 내쉬면서 턱을 집어넣고 등을 둥글게 말아 올려.

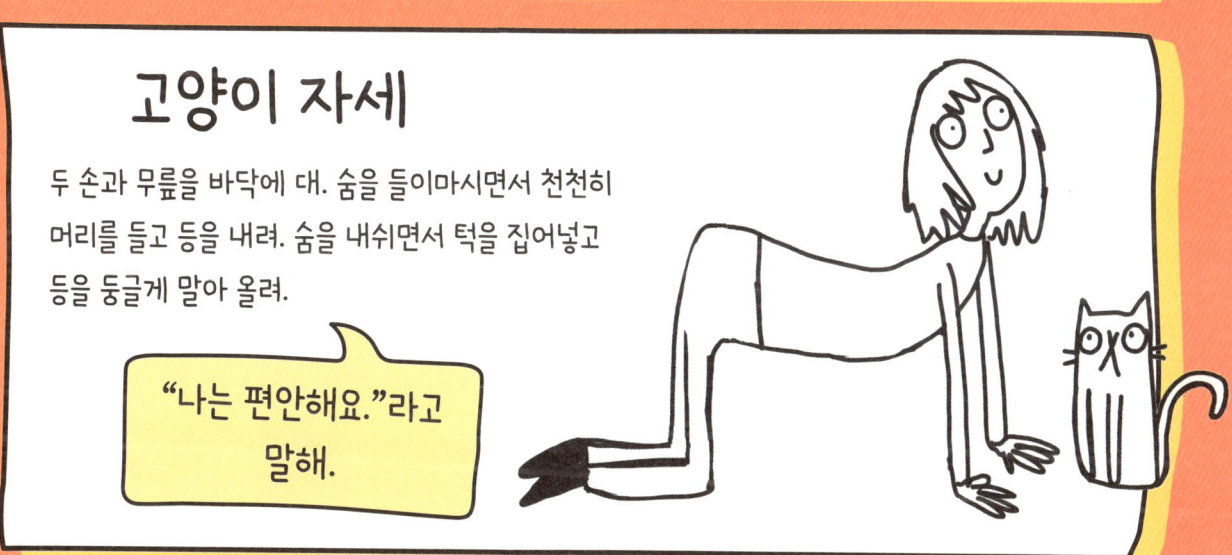

"나는 편안해요."라고 말해.

자는 자세

등을 대고 누워 천천히 숨을 쉬어. 원한다면 눈을 감아도 좋아.
호흡에만 집중하며 생각을 비우려고 노력해 봐.
딴생각이 들면 얼른 이를 알아차리고
다시 호흡하는 데에 집중해 봐.

"나는 평화로워요."라고 말해.

마음이 편해지는 컬러링

시원한 물, 헤엄치는 물고기, 거품 산호,
작은 조개, 흐늘거리는 해초들로 가득 찬 평화로운
바닷속 세계를 상상해서 그리고 색칠해 봐.

종소리를 들어 봐!

딸랑딸랑 종을 울려 봐. 종이 없다면 물을 반쯤 채운 유리잔의 테두리를 젖은 손가락으로 문질러 종소리가 나게 해도 좋아. 더는 들을 수 없을 때까지 종소리를 들어 봐.

산책

산책하는 동안 아무 말도 하지 않은 채로 눈에 보이는 모든 것들을 잠시 바라보렴.

무엇이 보이니?

네가 본 것들을 적거나 그려 봐. 빨간 차, 재활용품 수거차, 날아가는 새 등 무엇이든 좋아.

감사의 순간들

살아가면서 만나는 좋은 것들에 대해 "감사합니다."라고 말하는 시간을 매일 가져 보렴.

가족

친구

반려동물

집

장난감

음식

취미

내 방

학교

선생님

축구

달리기

살면서 감사하게 느끼는 것들을 여기에 적어 봐.

나도 래퍼!

비슷한 첫소리나 끝소리를 가진 낱말을 둘씩 짝지어 봐.
가능한 한 많은 짝꿍 단어들을 찾아야 해.

네가 찾은 단어들을 사용해서
옆 페이지에 시나 가사를 적어 봐.
주제는 '오늘 너의 기분'이야.

고양이가 고래를 그리네

네 예술혼을 불태워 봐!

색칠하고 큰 소리로 읽어 봐!

모든 문제에는 답이 있어

나만의 안식처

네가 가장 안전하고 행복하다고 느끼는 장소를 그리거나 그곳의 사진을 붙여 봐.

너만의 안식처는 네가 전에 보았거나 가 본 곳, 들어 봤던 곳, 책에서 읽어 본 곳이나 꿈꾸었던 곳 등 어디든 될 수 있어. 모든 것이 편안하고 평화롭게 느껴지는 특별하고 안전한 곳이지.

네가 사랑하는 사람이나 물건으로
이 하트를 모두 채워 줘.

오늘 기분은 어때?

난 나야.

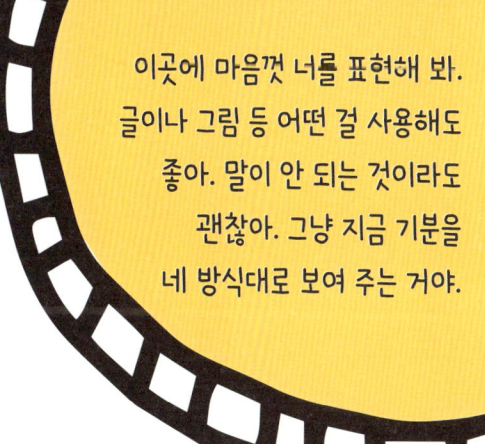

이곳에 마음껏 너를 표현해 봐.
글이나 그림 등 어떤 걸 사용해도
좋아. 말이 안 되는 것이라도
괜찮아. 그냥 지금 기분을
네 방식대로 보여 주는 거야.

네가 가진 여러 감정에
대해 적어 봐.

슬플 때 나는…

화가 났을 때 나는…

내가 **감사**하는 것은…

행복할 때 나는…

자유롭게 색칠하기

모양 구름 찾기

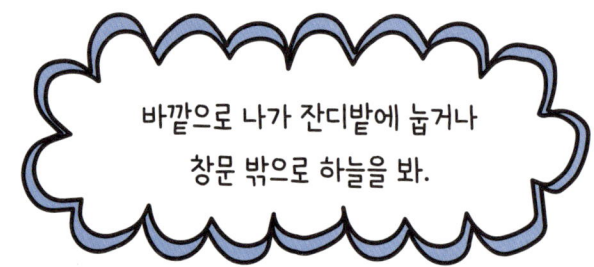

바깥으로 나가 잔디밭에 눕거나 창문 밖으로 하늘을 봐.

하늘에 있는 구름을 올려다보렴. 무슨 모양의 구름이 보이니? 한번 그려 볼래?

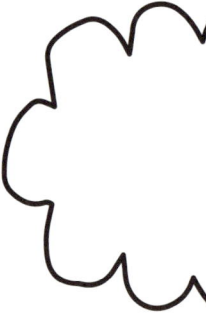

매일 아침 마법의 주문

걱정하는 대신 매일매일 해내고 싶은 목표를 생각하고 거기에 집중하는 게 훨씬 좋아. 마법의 주문 같은 거지! 아래 너만의 주문을 생각해서 적어 봐. 그리고 자기 전에 하루 동안 이 중 어떤 걸 해냈는지, 내일은 어떻게 더 잘할 수 있을지 생각해 보는 거야.

오늘 난 친구를 도와줄 거야.

오늘 난 새로운 걸 배워 볼 거야.

마음이 단단한 아이로 키우는

부모 가이드북

불안 * 스트레스

글 그로잉맘 이다랑

아이의 걱정과 불안을 어떻게 다뤄 줘야 할까요?

　부모 입장에서 바라보았을 때, 아이는 쓸데없는 걱정을 참 많이 합니다. 아이의 걱정을 공감하고 받아 줘야 한다는 것은 잘 알지만 실제로 그렇게 하기란 쉽지 않아요. 아이의 걱정은 끝이 없으며 솔직히 걱정할 필요도 없는 사소한 일들처럼 여겨지기도 하니까요. 그래서 받아 주고, 받아 주다가 자신도 모르게 짜증이 나 버럭! 하고 화를 내는 게 현실입니다. 하지만 아이의 걱정은 '걱정하지 마!'라는 단순한 반응으로는 사라지지 않습니다. 그리고 한번 걱정이 생겼다가 사라졌다고 해도 또 다른 걱정이 나타나기에 끝이 없는 일이에요. 또한 걱정은 불안이나 분노와 같은 감정을 초래하기도 하고, 오래 지속될 경우 스트레스가 되기도 하지요. 따라서 아이가 걱정을 표현하고 스스로 해결해 나갈 수 있도록 부모의 도움이 꼭 필요합니다.

　우선 아이의 걱정을 다루기에 앞서, 아이가 왜 자꾸만 걱정하며 불안함을 느끼는지 그 속사정을 이해해야 합니다. 아이는 인지 발달의 한계가 있습니다. 부모는 미래에 대해 어느 정도 예측하고 준비할 수 있지만 아이는 '만약'이라는 가정에 대해 구체적으로 떠올리는 게 아직은 어렵습니다. 그래서 현재 파악하는 정보가 절

대적이며 만약의 상황에 대한 걱정이 끝없이 생길 수 있지요. 또한 아이는 부모에 비해 경험의 종류와 양이 턱없이 적으며 특히 문제를 해결해 본 경험이 거의 없어요. 부모에게는 '이런 상황에서는 지난번처럼 이렇게 하면 돼.'와 같이 이전의 경험을 활용하여 걱정을 다룰 수 있는 힘이 있어요. 하지만 아이는 문제 해결의 경험이 거의 없으므로 걱정으로 인한 불안이 더 커질 수밖에 없지요. 게다가 아이는 하나의 경험을 모든 경우에 일반화시켜 적용하는 인지적인 오류도 가지고 있어요. '어젯밤에 무서운 꿈을 꿨으니 오늘밤에도 무서운 꿈을 꿀 것 같아.'와 같은 근거 없는 생각 때문에 끝도 없는 걱정을 하기도 한답니다. 이와 같은 아이의 발달적 특성과 이로부터 발생할 수 있는 불안과 걱정을 이해한다면 우리는 아이의 고민에 대해 섣부르게 판단하거나 아이의 걱정을 별것 아닌 것으로 여겨 상처 주는 행동을 줄일 수 있어요. 더 나아가 여유를 가지고 아이의 마음을 공감하며 기다려 줄 수도 있지요.

또한 기질적으로 걱정이 많고 불안을 많이 느끼는 아이도 있어요. 같은 상황에서도 적극적으로 탐색하는 아이가 있는 반면, 익숙하지 않은 것에는 불안부터 느끼는 아이도 있지요. 이런 기질의 아이는 별 다른 이유 없이도 막연한 불안을 느끼거나 걱정을 좀 더 많이 하는 특성이 있습니다. 특히 사전에 경험해 보지 않은 낯선 상황에서는 더더욱 그렇지요. 이러한 아이들은 보통 영유아기 때부터 이미 새로운 것을 시작할 때 적응 시간이 또래보다 좀 더 오래 걸리고, 도전보다는 안정적인 것을 선택하곤 해요. 특별히 수면이나 식사, 발달상으로 문제가 발생하지 않는 한에서 일반적인 경우보다 좀 더 불안과 걱정이 많은 경우라면, 아이의 타고난 성격적 특성에서 기인한 개인차임을 기억해 주세요. 이러한 아이들에게는 급격한 환경 변화를 자주 주는 것을 피하고 예측하고 준비할 수 있도록 충분한 준비 시간을 주면 좋아요. 또한 새로운 도전을 할 때는 익숙한 친구와 함께하거나 아이가 좋아하는 주제로 활동을 하는 등 익숙한 자극을 결합하여 제시한다면 아이가 성공 경험을 만들어 가는 데 도움이 된답니다.

그렇다면 우리는 아이가 느끼는 이런 걱정과 불안을 어떻게 다루어 주어야 하는 걸까요. 궁극적으로 걱정을 다스리는 힘은 아이의 내면에서 자라나도록 해야 해요. 부모가 달래 주거나 대신 문제를 해결해 주는 것이 아니라 스스로 자신의 걱정과 불안을 표현하고 다양한 방법으로 해결할 수 있는 힘을 갖는 게 중요하지요. 이를 위한 첫 단계는 아이가 자신의 걱정을 깨닫고 표현하며 수용 받는 경험이에요. 아이는 "너무 걱정이야."라며 부모에게 호소하지만, 실제로 자신이 무엇을 걱정하고 있는지를 구체적으로 모르는 경우가 많아요. 무작정 짜증이나 화를 내지만 그것이 걱정으로 인한 불안 때문이라는 것조차 아예 깨닫지 못하는 경우도 많고요. 따라서 걱정이란 무엇이고 나는 무엇을 주로 걱정하는지, 걱정을 많이 할 때 신체와 마음에는 어떤 변화가 있는지를 관찰하고 깨닫는 과정이 필요하답니다. 더불어 이러한 걱정을 안전하게 표현하면서 걱정이 잘못된 것이 아니라는 수용을 받는 경험도 필요합니다.

대부분의 부모님들은 아이의 걱정을 빨리 해결해 주고 싶은 마음에 "그런 건 걱정할 필요가 없어.", "괜찮아, 그런 일은 일어나지 않아."라고 반응하거나 섣부르게 달래 주는 경우가 많아요. 하지만 이러한 반응은 오히려 아이가 "난 진짜 걱정인데 왜 아무 일도 아니라고 하지?"라고 느낄 수 있어요. 아이는 공감을 받지 못한다고 느끼므로 더 심하게 짜증을 내거나, 반대로 자신의 걱정을 점점 드러내지 않고 감추려 할 수 있어요. 그러다 보면 아이는 자신의 걱정을 다루는 방법, 불안을 해소하는 방법 둘 다를 배울 수 있는 기회를 잃게 됩니다.

그렇다고 해서 응석을 받아 주듯 걱정을 수용하라는 의미는 아니에요. 다만 아이가 걱정을 호소할 때 그것이 별로 걱정할 일이 아니라는 생각이 들더라도 "너는 그게 걱정이구나?"라고 그대로 받아 주는 반응이 필요한 것이랍니다. 더불어 무엇이 걱정인지 구체적으로 표현해 보도록 질문하거나 이전에도 비슷한 걱정을 한 적이 있는지, 아이가 지금 당장 선택할 수 있는 방법은 무엇이 있는지와 같은 적절한 질문을 던지면 더욱 좋습니다.

부모인 우리 역시 걱정과 불안으로부터 완전히 자유로울 수는 없어요. 아이는 앞으로의 삶에서도 늘 걱정과 불안을 수시로 느끼게 될 거예요. 그러므로 걱정을 회피하거나 불안의 신호를 억압하는 방법보다는 좀 더 적극적으로 걱정에 대해 생각하고 배울 기회를 아이에게 만들어 주세요. 나의 걱정을 통제할 수 있다는 믿음, 걱정을 해결하는 경험의 누적은 아이의 자신감과 행복한 삶의 기초가 되어 줄 거예요.

이 책은 아이에게 어떤 도움이 되나요?

1. 아이를 불안하게 만드는 걱정에 대해 알 수 있어요

아이는 걱정이 무엇인지 그 실체를 정확하게 알지 못해요. 하지만 걱정을 잘 다루기 위한 첫 번째 단계는 대상에 대해 분명히 아는 것에서 시작됩니다. 이 책은 걱정이 무엇인지 그리고 걱정 때문에 우리가 화가 나거나 불안이라는 감정을 느낀다는 사실을 아이가 이해할 수 있는 쉬운 언어로 잘 설명하고 있어요. 작은 걱정이 씨앗이 되어 불안을 만들며 걱정하면 할수록 불안이 커지는 것을 걱정지옥풀에 비유하여 설명하기에 더욱 흥미롭기까지 하답니다.

2. 아이가 자신의 걱정과 불안을 이해하도록 도와줘요

걱정이나 불안은 눈에 보이지 않는 생각과 감정이지만 이로 인해 나타나는 신체 변화나 행동은 비교적 쉽게 관찰할 수 있어요. 이 책에서는 특정 상황에서 내가 하는 걱정에 대해 생각해 보도록 하고, 불안함을 느낄 때 나타나는 신체 변화를 민감하게 느껴 보고 써 보는 활동을 제시하고 있어요. 또 내가 주로 하는 걱정들의 공통점이나 내가 가장 많이 하는 생각들이 걱정과 어떻게 연결되는지도 살펴보도록 도와주지요. 걱정이라는 생각 – 불안이라는 감정 – 불안해서 아이가 하게 되는 행동의 관계를 연결하여 바라보도록 하는 시도는 아이 자신뿐만 아니라 아이의 불안 신호를 알아차리고 지지해 주기를 원하는 부모에게도 큰 도움이 될 수 있어요.

3. 아이가 스스로 걱정을 멈추거나 줄일 수 있는 방법을 배울 수 있어요

불안은 걱정이라는 생각에서 출발해요. 생각은 감정에 비해 그래도 좀 더 객관적으로 살펴볼 수 있습니다. 걱정을 줄이고 잘 다루기 위해서는 걱정을 유발하는 잘못된 인지 과정이 없는지, 지금 하고 있는 걱정이 현실적인지를 점검하고 깨닫는 과정이 반드시 필요합니다. 사실 이러한 과정은 성인을 위한 상담 프로그램에서도 자주 시도하는 방법인데 이 책에서는 아이들이 쉽게 이해하고 시도해 볼 수 있는 활동으로 제공하고 있어요. 질문에 대해 생각하고 답변을 작성하는 과정에서 아이는 지금 하고 있는 걱정이 정말 일어날 가능성이 있는 것인지, 생각의 오류가 있는 것은 아닌지 점검해 볼 수 있답니다. 더불어 현재의 생각을 객관화하거나, 다양한 질문을 통해 생각의 구조를 바꾸어 보는 시도와 연습을 할 수 있습니다.

4. 걱정으로 인한 불안과 스트레스를 해소하는 방법을 배워요

이 책은 걱정과 불안을 인지적으로 접근하여 직접 해결하는 방법 외에 주의를 전환하거나 이완하면서 긴장된 상태를 완화시킬 수 있는 다른 형태의 방법도 제시하고 있어요. 단순히 '걱정하지 말고 잊어 버려!'가 아니라 구체적인 방법을 제안 하므로 부모와 아이 모두 쉽게 시도해 볼 수 있답니다. 특히 마음 챙김, 호흡법, 명상처럼 스트레스 해소와 심리적 이완을 위해 일반적으로 많이 적용하지만 다소 이해하기 어려운 방법도 아이의 수준에서 충분히 이해할 수 있도록 쉽게 설명하므로 더욱 유용하지요. 그렇다고 모든 방법이 아이에게 다 잘 맞는 것은 아니에요. 아이가 느끼는 걱정의 종류와 강도에 따라 그리고 아이의 평소 성격에 따라 적용되는 방법은 다 다를 수 있지요. 다만 이 책을 통해 걱정을 멈추거나 해결할 수 있는 정말 다양한 방법이 있다는 것을 깨닫고 나에게 잘 맞는 방법을 찾기 위해 시도하고 반복해 보는 과정이 중요하답니다. 제시된 방법들 중 아이에게 잘 맞는 방법을 자연스럽게 사용할 수 있도록 충분히 연습한다면 걱정과 불안뿐만 아니라 아이가 다양한 외부 자극과 스트레스 요인으로부터 스스로를 지켜낼 수 있는 유용한 자원이 될 거예요. 더불어 이 책은 아이에게 새로운 방법만 제시하기보다는 이미 아이가 가지고 있는 좋은 방법이 있는지 생각해 볼 수 있는 기회도 제공해요. 아이의 내면에 이미 걱정과 불안을 스스로 해결하고 더 나은 방향으로 나아갈 수 있는 힘이 충분히 있다는 것을 깨닫게 해 준답니다!

5. 자신감을 갖고 긍정적인 감정을 찾아가도록 도와줘요

이 책은 아이가 걱정과 불안을 해결하도록 돕는 데 그치지 않고, 적극적으로 자신의 삶에 행복과 감사, 연대감과 같은 긍정적인 요인을 가져올 수 있도록 다양한 활동을 제안하고 있어요. 걱정이나 불안과 같은 부정적인 부분을 잘 해결하는 것도 중요하지만 아이 스스로 자신의 삶에서 긍정적인 것들을 찾아내고 느낄 수 있는 힘을 기르는 것도 필요하답니다. 이것이 바로 실패와 좌절로부터 자신을 보호하고 다시 일어나게 만드는 회복력의 근간이 되기 때문이에요. 책에서 제시된 적극적인 신체 활동 하기, 사랑하고 고마운 사람들을 떠올리며 감사의 말 전하기, 나를 기분 좋아지게 만드는 것을 적어 보기, 행복했던 기억을 떠올려 보기 등의 활동은 아이에게 적극적으로 긍정적인 감정을 찾고 느낄 수 있는 연습이 될 거예요. 더불어 걱정과 불안에 대해 배우고 스스로 해결할 수 있는 방법을 찾고 적용하며 내 것으로 만드는 이 모든 과정은 아이 스스로 자신의 마음을 잘 통제할 수 있다는 확신을 주며 이 자신감은 긍정적인 자아상을 형성해 나가는 데 도움이 될 것입니다.

이렇게 활용해 주세요

- 아이가 읽고 쓸 때, 절대로 재촉하지 마세요. 부모가 보기엔 단순하고 짧은 활동일 수도 있지만 아이에게는 자신의 생각을 표현하는 게 쉽지 않으므로 충분한 시간이 필요하다는 점을 기억해 주세요.

- 한글을 읽고 쓸 수 있어도 자신의 생각을 충분히 표현하는 데 한계가 있을 수 있어요. 꼭 문장으로 쓰지 않고 단어로 나열해도 괜찮습니다. 글 쓰는 것 자체를 힘들어 한다면 그림이나 색깔, 형태와 같은 다른 표현 방식을 사용해도 좋습니다.

- 한꺼번에 활동을 너무 많이 하면 큰 효과를 얻기 어려워요. 한 번에 한두 페이지만 하더라도 아이가 생각과 표현을 충분히 하는 게 더 중요합니다. 아이가 한꺼번에 끝내지 않게 해 주시고 부모님도 아이의 활동에 너무 욕심 내지 마세요.

- 꼭 앞에서부터 차례대로 하지 않아도 괜찮아요. 아이가 다른 활동을 먼저 해 보길 원한다면 선택할 수 있도록 지지해 주세요. 한 칸도 빠짐없이 다 채우라고 지도하거나 순서를 지키도록 하는 것은 지양해 주세요.

- 책에서 제안하는 모든 활동이 다 흥미롭지는 않을 수 있어요. 모든 활동을 다 잘 해 내도록 강요하기보다는 아이가 어떠한 질문에 더욱 반응하고, 집중하여

작성하는지를 관찰해 보는 것이 좋아요. 아이가 자신의 걱정과 스트레스에 대해 얼마나 인지하고 있고, 어떠한 방식으로 해소하는지 알아 간다는 마음으로 접근해 주세요.

- 이 책은 아이가 자신의 걱정과 스트레스를 자유롭게 표현할 수 있는 안전한 공간이 되어야 해요. 아이가 표현하는 방식이나 단어 등을 지적하지 마세요. "이렇게 쓰는 게 좋지 않을까?", "이런 색깔이 더 어울리지 않을까?"와 같은 제안은 아무리 좋은 것이어도 아이의 활동을 방해할 수 있답니다.

- 아이가 이미 작성한 내용을 참고하여, 아이가 실제로 걱정과 스트레스를 느끼는 상황에서 이야기를 나눠 보면 좋아요. 예를 들어 "자꾸 걱정이 생기면, 우리 그 걱정에게 '저리 가!'라고 같이 외쳐 볼까?"와 같은 제안은 아이에게 도움이 될 수 있답니다.

- 한 번의 활동도 의미가 있지만 일정 기간마다 다시 질문을 읽고 답하는 활동을 하는 것도 좋아요. 아이가 성장함에 따라 걱정의 종류가 달라지며, 스트레스를 다룰 수 있는 방식도 더욱 정교해지기 때문이에요.

- 부모와 아이가 스트레스를 느끼는 상황에서 서로에게 가장 필요한 도움을 적어 보거나 이야기를 나누어 보세요. 예를 들어 '엄마가 스트레스를 느낄 때는 소리를 크게 지르지 않기', '아이가 스트레스를 느낄 때는 꼭 안아 주기'처럼 서로에게 가장 필요한 것을 이야기한다면, 서로 마음이 평안을 찾도록 도와줄 수 있어요.

- 책에 나오는 내용 중 실제로 해 볼 수 있는 활동은 보다 적극적으로 해 보세요. 내가 걱정하는 것을 클레이나 레고를 활용하여 눈에 보이는 형태로 만들어 보기, 걱정하게 만드는 모든 것을 쓰고 지워 나가기, 걱정을 적은 종이 비행기를 날려 보기, 걱정할 때 도움이 되는 활동을 적어 담아 두었다가 하나씩 뽑아 보는 걱정탈출상자 만들기 등의 활동은 건강하게 걱정을 해소하고 스트레스를 해소하는 데 도움이 된답니다.

⭐ 부모와 아이가 행복해지는 마음 습관 ⭐

　부모의 불안과 걱정도 함께 다루어 보세요. 아이가 느끼는 불안과 걱정을 공감해 주고 표현하는 데 도움을 주고 싶을 때 가장 필요한 것은 바로 부모의 안정적인 심리 상태랍니다. 부모가 불안과 걱정으로 인해 긴장이 높은 상태라면 아이의 불안과 걱정이 부담스럽고 피하고 싶은 마음이 드는 게 당연해요. 오히려 아이가 불안해 할 때 부모가 더 큰 불안을 느낀다면 아이에게 안정감을 주기보다는 아이의 불안을 증폭시키는 원인이 됩니다. 비행기 탑승 시 승무원의 안전 공지 내용을 떠올려 보세요. 그 내용에서는 비행기에서 사고가 발생할 때 아이보다 보호자가 먼저 호흡기를 착용하고 아이에게 조치를 취하라고 안내합니다. 그만큼 부모가 먼저 안정감을 느껴야 아이를 보호하고 아이에게 필요한 것을 해 줄 수 있다는 의미이기도 하지요. 따라서 부모가 먼저 자신의 불안과 걱정을 다스리는 방법을 배우는 것이 필요합니다.

　이 책을 부모 자신을 위해 활용해 보아도 좋아요. 아이가 활동할 때 부모도 옆에서 빈 종이에 답변을 작성해 보세요. 나는 주로 어떠한 상황에서 불안을 느끼는지, 불안을 느낄 때 나의 신체에는 어떤 변화가 생기는지, 내가 느끼는 불안과 걱정은 주로 무엇이었는지 그 공통점을 살펴보는 것은 나의 마음을 이해하는 데 좋은 경험이 될 거예요. 또한 그동안 불안과 걱정을 다뤘던 나의 방법들을 되돌아보며 도움이 되는 다른 방법을 찾아보는 것, 걱정과 불안을 이겨 냈던 성공적인 경험과 즐거운 감정을 삶에 가져 오는 방법을 떠올려 보는 것은 부모의 삶을 건강하게 만들 뿐만 아니라 아이의 불안을 다루는 데도 도움이 될 수 있답니다. 더불어 불안과 걱정은 자신의 삶을 스스로 통제할 수 없다고 느낄 때 밀물처럼 찾아옵니다.

삶이나 육아는 나의 계획과 의지대로 흘러 가지 않지만, 책 한 권을 완독하거나 뜨개질을 하는 것, 규칙적으로 산책하는 것과 같은 작고 구체적인 계획을 실천하는 일은 자기통제감을 느끼게 하는 데 도움이 되므로 시도해 보는 것도 추천합니다.

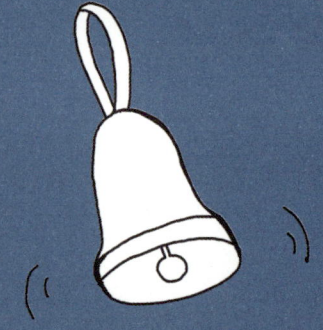

걱정을 싣고 가는 버스

버스 창문마다 네 걱정을 적으렴.
버스는 이제 걱정들을 싣고 먼 곳으로 떠날 거야.
돌아오는 편은 운행하지 않아서
떠나 버리면 다신 볼 수 없단다.

이 버스는 어디로 갈까?
걱정들이 다 떠나 버리고 나면
넌 뭘 깨닫게 될까?

이 책을 보는 어른들에게

> 이 책은 아이들이 스스로 고민을 이해하고 해결하는 힘을 기르는 데 도움이 되어 줄 부모님, 선생님, 보호자, 상담사 등 모든 어른을 위한 워크북입니다.

우리 아이들이 살아가는 현대 사회는 부와 인기를 얻고 성공하는 것만이 전부인 것처럼 보입니다. 아이들은 친구들과 자신을 비교하면서 자신감을 잃거나 열등감에 사로잡히고, 비관적인 뉴스들을 접하며 불안감에 휩싸이지요. 이 안에서 아이들은 내적, 외적으로 감당하기 어려운 스트레스를 겪게 됩니다.

아이들의 회복력은 굉장히 강합니다. 지지와 사랑을 많이 받으며 자란 아이들은 종종 어려운 문제나 힘든 시기를 만나도 스스로 이겨 낼 힘을 갖고 있지요. 이 책은 아이들이 자신의 걱정을 좀 더 쉽고 재미있게 탐색하며 표현할 기회를 줍니다. 신뢰하는 어른에게 마음을 열고 걱정을 꺼낼 수 있는 매개가 되어 주기도 하지요. 다양하고 흥미로운 활동들은 아이들이 회복력을 키우고, 내면의 평온을 찾으며, 자신의 감정을 알아 가는 데 좋은 길잡이가 되어 줄 것입니다.

아이들이 어떤 문제에 사로잡히게 되면 그 사실을 제대로 표현하지 못할 때가 많습니다. 마음이 불안한 이유를 정작 본인도 잘 모를 때가 많고, 안다 해도 어떻게 표현해야 할지 모르기 때문입니다. 그래서 아이들은 자신이 겪는 상황을 이해하기 위해 고군분투하며 외로움과 고립감에 휩싸입니다. 이런 경우 많은 아이들이 복통이나 두통을 호소하고 그동안 즐겨 해 온 것들을 잘 하지 않으며 지친 모습을 자주 보입니다. 자신감과 자존감도 떨어지지요.

만약 아이의 이런 상태가 3개월 이상 지속되거나, 나아지지 않고 점점 심해질 경우에는 전문 상담 기관의 도움을 받으시길 바랍니다.

샤리 쿰스 박사
아동&가족 심리 치료사